Marion Jana Goeritz

Im Fluss der Liebe

Bibliografische Information der Deutschen Nationalbibliothek:

Die Deutsche Nationalbibliothek verzeichnet diese Publikation in der Deutschen Nationalbibliografie; detaillierte bibliografische Daten sind im Internet über http://dnb.dnb.de abrufbar.

© 2016 Marion Jana Goeritz

Coverbild: Marion Jana Goeritz

Herstellung und Verlag: BoD – Books on Demand, Norderstedt

ISBN: 978-3-7392-3489-2

Herzlich Willkommen liebe Leser,

fließe mit dem Wasser, fließe nur dahin.
Halt mich nicht nur nachts in deinem Arm.
Lass mich wiederfinden, was meine Seele so vermisste, und wir schwimmen für immer, im Fluss der Liebe dahin.

Herzlichst
Marion Jana Goeritz

Fließe mit dem Wasser
fliege mit dem Wind
Träume dein Leben
wie ein Kind
mal es nicht nur auf
bunt und schön
so wirst du glücklich
durch das Leben gehen

Kalte Nacht
ein Sternenmeer
Blicke werden wach
und mein Herz
es fühlt so sehr
den Mann in dir
heut Nacht

Reißende Wortflut
durch den Tag
die Nacht sie ganz still
sie hört seine Worte
noch einmal
was er ihr sagen will

Steuermann
auf großer See
die Fahrt beginnt
und ich sehe
dich kommen

Menschenmenge
Stadtgetümmel
Augen suchen dich
hab mich jedoch nie gefragt
ob du suchst auch mich

Seelen lassen Liebe leben
auch ohne des Menschen Lust
Menschen
können Frieden leben
durch die Seelenlust
armumschlungen
herzensnah
Blicke finden sich
Liebesstimmen flüstern leise
ich liebe dich

Umarmung
Augenblick
Kalender schon im Herzen

Die Liebe zum Leben
weil
ein Leben in Liebe

Schwertkampf
wird geführt
durch des Tages Mantel
Klingen
nicht geschärft
jeder
kann gewinnen

Tage
lassen Nächte gehen
Sonne
braucht ihren Schlaf
Mondlicht
scheint Gefühle an
Ängste
sind verbraucht

Erfahre
mich noch einmal
lass dich ein auf das Besondere

Anfänge
hängen Bilder auf
Lachen hinter Glas
Seelenschein eingestaubt
der Anfang war ein Los
aufgerollt bei Regenwetter
eingehüllt in Plastik
Sonnenlicht
durch das Fenster brach
und heute stehe ich wieder

Flaschenpost
entzündet Herzen weit
lässt sie fliegen
durch Raum und Zeit
kleine Bilder bunt und schön
lassen sie die Liebe sehen

Wasserfall Liebe
schwimmen
im Seerosenteich
unsere Seelen
fanden sich gleich

Im Fallen
den Wind gebrauchen
bei Regen
den Schirm
das Lachen
laut raus posaunen
das Leben ist schön

Zahlen malen Bilder
drei und sechs und neun
Sterne malen Bilder
nur nachts im Mondenschein
doch sechs ist das zu wenig
und drei hältst wohl noch aus
die neun weiß nun bescheid
doch sechs ist nicht bereit
die Bilder
nachts nur so zu sehen
denn die drei
ist der sechs so wichtig
sie würde von neun auch gehen

Das Feuer der Leidenschaft
es brennt in mir
es lodert hohe Flammen
es brennt in uns
diese Lust
sind wir denn ein Wunder

Wildes Land in mir
unbekannte Ziele

Glaubst du
du hast verstanden
glaubst du
du hast vermisst
glaubst du
du hast überwunden
was du hast gewusst

Augenblicke
suchen ein Hoch zu jeder Zeit
Augenblicke
finden
nur zur richtigen Zeit
Augenblicke
zeigen
was die Zeit noch zeigt

Freudentaumel
nichts getrunken
auch der Seele schönes Wort

Eine Bühne für dich
für deine Musik
mit Liebe spielst du
mein Lieblingsstück

Gefühle leben
ist einfacher
als du denkst

Was du bisher
in der Liebe fühltest
ist Erinnerung
was du morgen fühlst
ist alles nur für dich

Meine Welt
passt sie in die deine
war schon einmal eine Frage
die ich mir gestellt

Hat meine Liebe Aufwind
ist alles möglich
lieber heut als morgen

Wie würde
dein Leben heute sein
wenn es mein Gefühl
nicht gäbe
wie würde
mein Leben heute sein
wenn es dein Gefühl
nicht gäbe

Mein Herz schlägt Töne an
deren ich mich nicht
erwehren kann
doch ich frage mich
wohin soll es mich führen
mein Herz
ich ahne es
ich ahne es nicht einmal
bin nur den Zeichen gefolgt
und sie hielten mein Herz
nicht auf

Schreib mir deine Wünsche
schreib sie mir mit Lust
Schreib mir einfach so
schreib mir
auch wenn du nicht musst

Ich tauchte ein
in die Liebe
legte meinen Kopf
sanft in ihren Schoß
sie streichelte mir
über mein Haar
ich hörte
was machst du bloß

Fragespiele
übern Äther
Gefühle entscheiden

In meines Herzens Tempel
schlaf ich in Ruhe ein
ich hoffe so sehr
auf den Morgen
ich bin nicht allein

Schranken auf
Liebe da

Gewinnen
darf nur die Liebe

Herz in Aufruhr
Liebe da

Reich an Jahren
volles Herz
Liebeslust
ohne Schmerz

Ich fühle deine Angst
sie wird weichen
wenn ich meine besiegt habe

Viele deiner Tränen
wurden vom Sand
der Erinnerung aufgesogen
bis die Oase dir
das Überleben schenken konnte
für ein Leben mit mir

Im Zug
der Unendlichkeit
wieder getroffen

Fragezeichen
nach jedem Wort
irgendwann
bringt es dich
auf deinem Weg voran

Richtig Leben gibt es nicht
es geht nur individuell

Lebe
Tippfehler
Lebe
Tippfehler
beide Male heißt es
Liebc

Seele
losgelöst
so viel findet sie in Ferne

Glaube nicht einfach
was die anderen sagen
vertrau
auf dein ehrliches Gefühl

Weltmeister
Musikgenie
Töne erklingen
so schön wie nie

Spiegel der Träume
im Zauberland
spiegeln einen Mann
unbekannt

Mein Wunsch ungebrochen
meine Wille verbrannt
meine Liebe am Hoffen
mein ich verbannt

Ihre Augen suchen mich
sein Herz hatte kleine Risse
seine Seele fürchtet sich
vor seiner Maskenkulisse

Reisezeit
Herzen halten fest
was sie einst begriffen
ist alles wert

Friedensgebet
für die Seele
Licht entzündet
Hoffnungsschimmer
Augen spiegeln Liebe wider

Kaminfeuer
leise Musik
zwei Herzen im Glück
Liebe

Räumlichkeiten
neu eingerichtet
ausgeräumt des Herzenswehe

Des Lebens weise Worte
legen sich schlafen
in der Nacht
am Morgen kann sich zeigen
was man damit macht

Besonders
eine lange Reise
lässt die Seele
nicht mehr ruhen
sie richtet ihre Augen
auf das Leben immer mehr
und führt zum Weg
ans Ziel

Seelen fangen Liebe ein
Mensch wird nicht gefragt
Fragen
türmen Berge auf
Antwort
gibt Bescheid

Ehrlich
ist nur ein Wort
doch als Gefühl
ist es wichtig

Klare Zeichen
am Himmelszelt
ich weiß um sie nicht immer
doch fühle ich
man sendet sie
wenn Traurigkeit erklingt

Meine Heimat gefunden

Ich möchte leben
ich möchte lieben
ich möchte fühlen
ich möchte geben
ich möchte lachen
ich möchte tanzen
ich möchte nehmen
es ist mein Leben

Sie:
Wieso darf ich nicht
allein entscheiden

Er:
weil ich es will

Sie:
oh wie männlich

Von Marion Jana Goeritz ebenfalls beim Verlag BoD erschienen (BoD Books on Demand, Norderstedt, nähere Informationen finden Sie unter www.BoD.de)

„Liebe für die Seele Band 1"
ISBN 978-3-7357-4045-8

„Liebe für die Seele Band 2"
ISBN 978-3-7357-7734-8

„Seelenweiß"
ISBN 978-3-7347-5769-3

„Seelen essen Liebe gern"
ISBN 978-3-7347-8706-5

„SeelenEngel" ein spiritueller Erfahrungsbericht
ISBN 978-3-7386-2588-2

„SeelenSchlüssel"
ISBH 978-3-7386-3844-8

„Seelenfarben"
ISBN 978-3-7386-3947-6

„Seelenschimmer"
ISBN 978-3-7386-4014-4

„Seelenfinden"
ISBN 978-3-7386-4037-3

„Ein Gefühl meiner Seele"
ISBN 978-3-7386-1506-7

„Seelenfrieden" Danken, Bitten, Entspannung
ein persönlicher Erfahrungsbericht
ISBN: 978-3-7386-4884-3

„Seelenweihnacht"
ISBN: 978-3-7386-5616-9

„Im Land unter dem Regenbogen" Wunderbare
Märchen und unglaubliche Geschichten
ISBN: 978-3-7392-0115-3

„Freddy und seine Geschichten"
ISBN: 978-3-7386-3321-4

„SeelenWorte"
ISBN: 978-3-7392-0455-0

„Herzanker"
ISBN: 978-3-7392-3482-3

Weitere Informationen zu Neuerscheinungen
finden Sie immer auf meiner Seite

www.buchkaleidoskop.Reikipraxis-Goeritz.de